Hella Hagspiel-Keller

Glauben und Trost über den Tod hinaus

Hella Hagspiel-Keller

Glauben und Trost über den Tod hinaus

Seelsorge lernen bei Dietrich Bonhoeffer

Fromm Verlag

Imprint

Cover image: www.ingimage.com

Publisher:
Fromm Verlag
is a trademark of
International Book Market Service Ltd., member of OmniScriptum Publishing Group
17 Meldrum Street, Beau Bassin 71504, Mauritius

Printed at: see last page
ISBN: 978-613-8-35292-1

Glauben und Trost über den Tod hinaus

Lernen bei Dietrich Bonhoeffer

Hella Hagspiel- Keller

Glauben und Trost bis über den Tod hinaus

lernen bei Dietrich Bonhoeffer

Aus dem Inhalt

Kurzer Überblick aus einem Tagungsbeitrag
an der KF- Universität am 27. 5. 2011
Glauben, Widerstand und Ergebung

Biographisches in Kürze

Kurzer Überblick
aus einem Tagungsbeitrag an der KF- Universität am 27.5.2011

Glauben, Widerstand und Ergebung

Dietrich Bonhoeffer

(1906 in Breslau – 9. 4. 1945 im Konzentrationslagr Flossenbürg)
ist bekannt als ein deutscher evangelisch-lutherischer Theologe, profilierter Vertreter der Bekennenden Kirche und Widerstandskämpfer gegen den Nationalsozialismus.
Seine Schriften sind gesammelt in: Dietrich Bonhoeffer Werke, (DBW) 17 Bände und 2 Ergänzungsbände; hrsg. von Eberhard Bethge, Ernst Feil, Sabine Dramm u.a.; Gütersloh 1986–1999

Die Frage nach Leid und Tod

In ihm sei "nicht ein Atom von Vorwurf oder Bitterkeit" über die Ereignisse: "Solche Dinge kommen von Gott und Ihm allein, und ich weiß [...], dass es vor Ihm nur Unterwerfung, Ausharren und Geduld - und Dankbarkeit gibt.
Damit verstummt jede Frage nach dem 'Warum', weil sie ihre Antwort gefunden hat.
(...) "nicht nur die Tat, sondern auch das Leiden ist ein Weg zur Freiheit. Die Befreiung liegt im Leiden darin, dass man seine Sache ganz aus den eigenen Händen geben und in die Hände Gottes legen darf. In diesem Sinne ist der Tod die Krönung der menschlichen Freiheit."

Sterben, Tod und Auferstehung

"Mit dem Sterben fertig zu werden bedeutet noch nicht mit [dem] Tod fertig werden. Die Überwindung des Sterbens ist im Bereich menschlicher Möglichkeiten, die Überwindung des Todes [aber] heißt Auferstehung".

"Er hat also aus der Auferstehungshoffnung nicht eine grandiose Garantieerklärung gemacht, die Todesangst und Lebenssehnsucht ignoriert.

Sie ist für ihn auch nicht eine Patentformel, die er im Falle des Todes parat hat, um zu beschwichtigen, was nicht zu beschwichtigen ist.“

Dennoch bildet der Auferstehungsglaube für Bonhoeffer die Quintessenz christlicher Todesdeutung.

Erstes Grundelement

Die innere, lebenslang währende Annäherung an den eigenen Tod.

Von dem Bemühen, den Tod meisterhaft zu bewältigen, und dem Erschrecken angesichts eigener heilloser Todesfurcht.

"Der Gedanke an den Tod ist uns in den letzten Jahren immer vertrauter geworden. [...] Wir können den Tod nicht mehr so hassen, wir haben in seinen Zügen etwas von Güte entdeckt und sind fast ausgesöhnt mit ihm.“ "Noch lieben wir das Leben, aber der Tod kann uns nicht mehr überraschen."

Zweites Grundelement

Die unverbrüchliche Hoffnung, dass Gottes Wirklichkeit die Nichtigkeit des Todes besiegelt, indem sie in der Auferstehung den Tod besiegt.

"Der Sinn der Osterbotschaft ist: Gott ist des Todes Tod, Gott lebt und so lebt auch Christus, der Tod hat ihn nicht halten können gegen die Übermacht Gottes."

An dieser ein für allemal vollzogenen Überwindung des Todes teilzuhaben, gehört bei Bonhoeffer zu der Gewissheit des Glaubens.

Drittes Grundelement

Ein nüchternes JA zum Todesfaktum.

„Die Stunde des Todes ist dem Menschen bestimmt und sie wird ihn überall finden, wo sich der Mensch auch hinwendet. Und wir müssen dafür bereit sein."

"Nicht die äußeren Umstände, sondern wir selbst werden es sein, die unseren Tod zu dem machen, was er sein kann, zum Tod in freier Einwilligung."

Tod

Komm nun, höchstes Fest
auf dem Wege zur ewigen Freiheit,
Tod, leg nieder
beschwerliche Ketten und Mauern
unseres vergänglichen Leibes
und unserer verblendeten Seele,
dass wir endlich erblicken,
was uns hier zu sehen missgönnt ist.
Freiheit, dich suchten wir lange
in Zucht und in Tat und in Leiden.
Sterbend erkennen wir nun
im Angesicht Gottes dich selbst.

(geschrieben an Freund Eberhard Bethge zum Geburtstag, Gefängnis Tegel 14. 8. 1944)

1. Einleitung

Dietrich Bonhoeffer ist einer der bekanntesten deutschen evangelischen Theologen der Gegenwart jenseits aller Schultheologie, profilierter Vertreter der Bekennenden Kirche und Widerstandskämpfer gegen den Nationalsozialismus. Angesichts der vielen Christen, die während der NS-Zeit nach dem Motto ‚Ergebung *ohne* Widerstand' gehandelt hatten, ist Bonhoeffer das Gegenmodell für die Nachkriegsgeneration. Er ist schlechthin derjenige, der geglaubt und getan hat, was man selbst oder die eigenen Eltern nicht geglaubt und getan hatten.

In seiner Theologie versteht Bonhoeffer die Gegenwart Jesu Christi als zentraler Mittelpunkt. Von diesem her ergänzen und bedingen sich bei ihm theologisches Nachdenken, spirituelle Tiefe und ethisches Verantwortungsbewusstsein. Während seines Aufenthaltes in den USA vollzieht sich in ihm eine Wende „‘von den Holzwegen so mancher Theologie' zu täglichem Bibellesen als persönliche Anrede Gottes, die ihn zur ‚Kompromisslosigkeit eines Lebens nach der Bergpredigt in der Nachfolge Christi', zum ‚Eintreten für Frieden, soziale Gerechtigkeit, oder eigentlich Christus' ruft."[1] In seinen Gefängnisbriefen entwickelt er einflussreiche Visionen für eine künftige Ökumene an der Seite der Bedürftigen und Gedanken zu einer nichtreligiösen Interpretation von Bibel, kirchlicher Tradition und Gottesdienst.

Während seine Visionen in Europa eher unbeachtet blieben und/oder kontrovers diskutiert wurden, sind sie in den Armuts- und Befreiungsbewegungen außerhalb Europas umgesetzt worden, so etwa in Südafrika und in den Basisgemeinden Mittelamerikas sowie der dort entstandenen Befreiungstheologie. Wesentlich war dafür die Verbindung des ‚ökumenischen Impetus' Bonhoeffers mit seinem Verständnis von Diesseitigkeit und Kirche jenseits von ‚Eigenrotation'. Bonhoeffers pazifistische Haltung wirkte stark in jeweils aktuelle Diskussionen wie die um den 2. Golfkrieg oder den Kosovokrieg. Sein Aufruf zu einem ökumenischen Friedenskonzil motivierte entscheidend den in den 1980er Jahren entstandenen Konziliaren Prozess.

Bis um die Jahrtausenwende wurde Bonhoeffer innerhalb der evangelisch - lutherischen Kirche kontrovers diskutiert. Heute ist klar, dass, obwohl Bonhoeffer zu keiner Zeit den Widerhall Gandhis, Martin Luther Kings oder Mutter Teresas in der Öffentlichkeit fand, sein Name in einem Atemzug mit diesen großen Persönlichkeiten und Vorbildern genannt werden kann.

Bonhoeffers Leben und Werk ist detailliert dokumentiert und erforscht worden. Alle zitierten Briefe und Gedichte in diesem Text finden sich in: Bonhoeffer, Dietrich: Widerstand und Ergebung. Briefe und Aufzeichnungen aus der Haft, Gütersloh: Gütersloher Verlagshaus ^{19}2008. Im fortlaufenden Text werden daher Zitate, die sich auf diese Quelle beziehen, mit "WE", Briefdatum und/oder den entsprechenden Seitenangaben in Klammern belegt.

2. Biographisches in Kürze

Die Theologische Realenzyklopädie[2] beschreibt Bonhoeffers Leben in etwa wie folgt: Das mit 14 Jahren beschlossene Theologiestudium beginnt Bonhoeffer in Tübingen. Es folgen ein Aufenthalt in Rom und Promotion 1927 in Berlin. Nach einem Vikariatsjahr in Barcelona habilitiert er sich 1930 in Berlin für Systematische Theologie. Zu jung zur Priester - Ordination, erhält er als Dozent ein Stipendium für ein Studienjahr in New York, was ihn nachhaltig prägt. Er ist zutiefst

beeindruckt von einer Kirche, die sich in Zeiten der größten wirtschaftlichen Krise dem Massenelend der Armen widmet. Das Evangelium, erkennt Bonhoeffer, gibt seinen Auftrag über alle sozialen und nationalen Grenzen hinweg. Das Evangelium bekommt ein politisches Gesicht und gibt einen konkreten Auftrag zu handeln.[3]
Er reist nach Kuba, Mexiko und Afrika. Zurück in Europa wird er 1931 zum Pfarrer ordiniert und der Weltbund für Freundschaftsarbeit der Kirchen in Cambridge wählt ihn zum Jugendsekretär für Mitteleuropa. Sogleich übernimmt er neben seiner wissenschaftlichen Arbeit Seelsorge-aufgaben, u. a. mit Proletarierkindern. 1932 richtet Bonhoeffer zudem eine *Jugendstube* für arbeitslose Jugendliche ein, die jedoch 1933 von den Nationalsozialisten als „kommunistisch" aufgelöst wird.

Als 1933 die Judenverfolgung einsetzt, sagt er sofort öffentlich im Radio, dass dies „unmittelbar politisches Handeln" für die Menschenrechte fordere, d.h. „nicht nur die Opfer unter dem Rad zu verbinden, sondern dem Rad selbst in die Speichen zu fallen". Als Agitations- und Organisationsversuche nur halbherzigen Widerstand wecken, folgt Bonhoeffer seinem Bedürfnis, „für eine Weile in die Wüste zu gehen..." und reist im Oktober wenigstens als Auslandspfarrer nach London.
Unter anderen bewegt ihn Karl Barth zurückzukommen. Während der Vorbereitung einer Reise nach Indien zu Gandhi erhält er einen Ruf der Bekennenden Kirche, die Ausbildung von 25 Pastoren in Finkenwalde zu übernehmen. Dieses Predigerseminar wird nach polizeilicher Schließung 1937 bis März 1940 illegal weitergeführt und wird bald zum geistlichen Zentrum in Pommern.
Um 1938 schließt er sich dem politischen Widerstand um Admiral Canaris an. Über den Verlust der *venia legendi* (Lehrverbot) 1936, seine Ausweisung aus Berlin 1938, das Rede- und Schreibverbot 1940, verliert

er kaum ein Wort. Um im drohenden Krieg dem Wehrdienst zu entgehen, erwirkt er 1939 vom Bruderrat Aufträge zu ökumenischen Reisen nach England und den USA. Dort schlägt er aber die Bitte aus, einen Lehrstuhl in Harlem zu übernehmen.

Er verzichtet damit auf eine mögliche Emigration, da er seine Rolle im heraufziehenden Krieg im Widerstand in der Heimat sieht. Nur so habe er das Recht, nach dem erwarteten Krieg an einer Erneuerung der Kirche in Deutschland mitzuwirken.

Im Oktober 1940 tritt er dem Amt Ausland/Abwehr bei und erreicht eine „Unabkömmlichkeitsstellung" *(UK-Stellung)* für Abwehr-aufträge als unbezahlter V-Mann und wird vom Kriegsdienst zurückgestellt. Als solcher überbringt er auf Reisen in die Schweiz, nach Norwegen, Schweden und Italien Freunden der Ökumene Fakten des Widerstandes zur Weitergabe an die Alliierten um Verhandlungen einzuleiten. Bonhoeffer war also nicht an der Planung der Attentate beteiligt, sondern diente als Verbindungsmann, offiziell im Auftrag der Abwehr.

Im Januar 1943 verlobt er sich mit Maria von Wedemeyer.

Am 5. April 1943 wird er wegen Wehrkraftzersetzung verhaftet und bis Oktober 1944 im Militärgefängnis Berlin Tegel gefangen gehalten. Dort bekommt er nach anfänglichen Schikanen die Erlaubnis, brieflich Kontakt mit seinen Eltern und seiner Braut Maria zu halten.

Seiner Familie die Sorgen zu erleichtern, ihnen die Hoffnung zu erhalten, ist sein Hauptanliegen in diesem Briefwechsel. Nach einem halben Jahr hat Bonhoeffer so gute Kontakte zu den Gefängniswärtern, dass auch ein reger Brief- und Zettelverkehr mit seinen Freunden, hauptsächlich aber mit seinem ehemaligen Schüler und bestem Freund Eberhard Bethge möglich wird. Persönlicher Austausch, Gebete, Gedichte, Gedanken und Teile seiner theologischen Arbeit, die er im Gefängnis

weiterführte, konnten so nach Außen dringen und sind deshalb (unter Dachziegeln eingemauert und im Garten vergraben) großteils erhalten.
Nach dem Misslingen des dritten Attentats am 20. Juli 1944 und dem Zossener Aktenfund[4] im Frühherbst 1944 musste er mit seiner sicheren Hinrichtung rechnen. Weil er Sippenhaft fürchtet, (dass seine Angehörigen an seiner Stelle verhaftete werden) verzichtete Bonhoeffer am 5. Oktober auf eine schon vorbereitete Flucht. Am 8. Oktober 1944 wird er von der Gestapo in die Sonderabteilung der Geheimen Staatspolizei in der Prinz-Albrecht-Straße überführt, von wo aus nur noch einzelne Kontakte möglich sind. Nach der Zerstörung des Gefängnisses am 7. Februar 1945 durch Bombardement wird er in einen fensterlosen, unterirdischen Bunker im KZ Buchenwald abgeschoben. Am 9. April 1945 wird er im KZ Flossenbürg hingerichtet.

3. Wer bin ich? Ambivalenzen

„Uns bleibt nur der sehr schmale Weg, jeden Tag zu nehmen, als wäre er der letzte, und doch im Glauben und Verantwortung so zu leben, als gäbe es noch eine große Zukunft." (Wende 1942/43, WE 25)
In den Briefen und Aufzeichnungen, die wir in „Widerstand und Ergebung“ finden, sind naturgemäß Gedanken über Leiden, Sterben und Tod mit Bonhoeffers konkreter Situation untrennbar verwoben.
Aber Klischeevorstellungen von einem Glaubensheros, der unangefochten dem Tod entgegengeht, sind hier unpassend. Die konkrete Konfrontation mit dem Tod führt bei Bonhoeffer nicht dazu, dem Leben innerlich den Rücken zu kehren.
Nein, die Briefe aus dem Gefängnis zeigen uns einen Menschen von authentischer Lebendigkeit. „Es fehlt mir nichts - als Ihr alle. Ich möchte die g-moll-Sonate mit Dir spielen und Schütz singen, und den 70. und

47. Psalm von Dir hören", schreibt er am 20. November 1943 (WE 76) an Eberhard Bethge. Er hofft auf ein Ende seiner Gefangenschaft, auf ein Ende des Krieges.
Er begehrt seine Verlobte, er möchte heiraten, Kinder haben, arbeiten. Er möchte ganz einfach: leben.

Bereits in einem Brief vom 21. Juli 1944 hatte Bonhoeffer Diesseitigkeit dem Streben nach Heiligkeit entgegengesetzt: „Ich habe in den letzten Jahren mehr und mehr die tiefe Diesseitigkeit des Christentums kennen und verstehen gelernt; nicht ein homo religiosus, sondern ein Mensch schlechthin ist der Christ, wie Jesus [...] Mensch war." Damit meinte er jedoch „nicht die platte und banale Diesseitigkeit der Aufgeklärten, der Betriebsamen, der Bequemen oder der Lasziven," sondern verstand Diesseitigkeit als eine „die voller Zucht ist, und in der die Erkenntnis des Todes und der Auferstehung immer gegenwärtig ist, [...]" (WE 195).

Er erinnert sich wie er 1931 in den USA mit den jungen französischen Pfarrer Jean Lasserre die Frage bewegte, was sie mit ihrem Leben eigentlich wollten. Da sagte der Franzose: „Ich möchte ein Heiliger werden", was Bonhoeffer damals sehr beeindruckte. Trotzdem widersprach er und sagte: „Ich möchte glauben lernen".
Weiters schreibt er an Bethge am 21. Juli 1944, dass er lange Zeit die Tiefe dieses Gegensatzes nicht verstanden habe. Er dachte damals, dass er glauben lernen könnte, indem er so was wie ein heiliges Leben zu führen versuchte. Später erfuhr er, „und ich erfahre es bis zur Stunde, dass man erst in der vollen Diesseitigkeit des Lebens glauben lernt." (WE 195)
Aber die Ambivalenz von ‚Widerstand und Ergebung' gilt auch im Umgang mit sich selbst und in der Korrespondenz mit seiner Familie und

seinem Freund. „Die Eltern und auch Maria muß ich schonen“ schreibt er an Bethge, „Dir werde ich nichts vormachen und Du mir auch nicht.“ (WE 100) Trotz aller Hoffnung auf ein zukünftiges (diesseitiges) Leben schreibt er am 11. April 1944 (WE 136) an seinen Freund: „Wenn mein gegenwärtiger status [!] der Abschluß meines Lebens wäre, so hatte das einen Sinn, den ich zu verstehen glauben würde;" andererseits findet er, das alles „könnte auch eine gründliche Vorbereitung für einen neuen Anfang sein, der durch die Ehe, durch den Frieden und durch eine neue Aufgabe bezeichnet wäre."

Die Ambivalenz in seinem Inneren kommt gesammelt in seinem Gedicht vom 8. Juli 1944 zur Sprache:

> *Wer bin ich? Sie sagen mir oft, / ich träte aus meiner Zelle / gelassen und heiter und fest / wie ein Gutsherr aus seinem Schloß. Wer bin ich? Sie sagen mir oft, ich spräche mit meinen Bewachern frei und freundlich und klar, als hätte ich zu gebieten. […] Bin ich das wirklich, was andere von mir sagen? / Oder bin ich nur das, was ich selbst von mir weiß? / Unruhig, sehnsüchtig, krank, wie ein Vogel im Käfig, / ringend nach Lebensatem, als würgte mir einer die Kehle, […] / dürstend nach guten Worten, nach menschlicher Nähe, / […] umgetrieben vom Warten auf große Dinge, / ohnmächtig bangend um Freunde in endloser Ferne, / […] matt und bereit, von allem Abschied zu nehmen.*

Sein Gedicht (WE 188) endet mit der Zeile: „Wer ich auch bin, Du kennst mich, Dein bin ich, o Gott!" Hier formuliert Bonhoeffer was er authentisch erlebt und in seiner Korrespondenz immer wieder tut: Er lässt die Dinge nebeneinander bestehen, löst Spannungen nicht auf, „bin ich beides zugleich?" fragt er in diesem Gedicht auch und beantwortet diese Frage letztlich positiv, indem er beide Seiten, sowohl die der äußeren wie die seiner inneren Welt bestehen lässt. Schließlich ist es immer Gott, dem er sich und alles anbefiehlt.

4. Die Frage nach dem Leiden

Das Leiden kann auch für den gläubigen Menschen willkürlich, unerklärbar, zumindest in der Schwebe zwischen Sinn und Sinnlosigkeit sein. Auch für den Gläubigen kann Leid unbegriffen sein und verzweifeln machen. Hiob aus dem Lande Uz verzweifelte an Gott *und* hielt trotzdem an ihm fest. In nachbiblischer Zeit formuliert Tertullian sein *credo quia absurdum est* = ich glaube, obwohl oder weil es absurd ist. In diesem Sinne können Freiheit und Glaube zusammen gesehen werden.

„Die Freiheit des Menschen besteht und erschließt sich für Bonhoeffer auch und gerade im Leiden darin, es ganz in die Hände Gottes zu legen."[5]

In seinem Gedicht „Stationen auf dem Wege zur Freiheit“ fasst Bonhoeffer zusammen: (WE 208)

> *Leiden / Wunderbare Verwandlung / die starken tätigen Hände / sind dir gebunden. Ohnmächtig einsam siehst du das Ende / deiner Tat. Doch atmest du auf und legst das Rechte / still und getrost in stärkere Hand und gibst dich zufrieden. / Nur einen Augenblick berührtest du selig die Freiheit, / dann übergabst du sie Gott, damit er sie herrlich vollende.*

Auf diese Gedanken wird später noch näher eingegangen.

Um Bonhoeffers Zugang zur Todesfrage besser verstehen zu können, soll hier in aller Kürze seine grundsätzliche Beantwortung der Theodizeefrage, der Frage nach dem Leid dieser Welt, vorangestellt werden.

In einem Brief, den er einen Monat nach ihrer beider Verhaftung an seinen Schwager Hans von Dohnanyi geschrieben hatte, stößt man auf den Grund für die Tatsache, dass die Behandlung der Todes- und Theodizeefrage bei Bonhoeffer im klassischen Sinn einer systematischen, rein theologisch-philosophischen Auseinandersetzung eher eine marginale Rolle spielt. Dieser klaren, festen Selbstauskunft ist nichts hinzuzufügen: In ihm sei „nicht ein Atom von Vorwurf oder Bitterkeit" über die Ereignisse, so schreibt er: „Solche Dinge kommen von Gott und Ihm allein, und ich weiß [...], dass es vor Ihm nur Unterwerfung, Ausharren und Geduld - und Dankbarkeit gibt. Damit verstummt jede Frage nach dem ‚Warum', weil sie ihre Antwort gefunden hat."[6]

Für Bonhoeffer stellte sich die Frage nach dem Sinn und der Rechtfertigung des Leidens in der Welt nicht abstrakt, nicht in theoretischen Diskussionen, sondern ganz praktisch in dem Leid, das ihm in Christus begegnet. Er hört diese Frage nach dem ‚Warum' im Verzweiflungsschrei am Kreuz, und von dort her hört er auch die Antwort. Eine Antwort, die nicht als ‚des Rätsels Lösung'[7] daherkommt, sondern als Widerhall der eigenen, verzweifelten Frage und als Versprechen der Wirklichkeit Gottes, auch im Leiden und im Tod gegenwärtig zu sein.

Zeit seines Lebens hat Bonhoeffer gelernt, mit der Antwort auf diese Frage zu leben und mit ihr zu glauben. In der Zeit seiner Haft findet er letzte Gewissheit einer möglichen Interpretation. Die Fragen nach dem Sinn der eigenen Leiden finden sich hineingenommen in das Mit-Leiden

Gottes. Von diesem Verständnis des Mit-leidenden Gottes her fällt für ihn das Licht auch auf die Todesfrage und die Tatsache des Todes als Faktum.

Im Juli 1944 sendet Bonhoeffer an Bethge das Gedicht:

„Christen stehen bei Gott in seinen Leiden, das unterscheidet Christen von Heiden.“ (WE 188) „Könnt ihr nicht eine Stunde mit mir wachen?“ fragt und bittet Jesus seine Jünger in Gethsemane.

Und Bonhoeffer dazu: (Brief vom 18. Juli 1944, WE 193f)

> *„Das ist die Umkehrung von allem, was der religiöse Mensch von Gott erwartet. Der Mensch wird aufgerufen, das Leiden Gottes an der gottlosen Welt mitzuleiden. [...] Nicht der religiöse Akt macht den Christen, sondern das Teilnehmen am Leiden Gottes im weltlichen Leben. [...] Nichts von religiöser Methodik, der ,religiöse Akt' ist immer etwas Partielles, der ,Glaube' ist etwas Ganzes, ein Lebensakt, der uns ganzheitlich einfordert. Jesus ruft nicht zu einer neuen Religion, sondern zum Leben".*

5. Vom Umgang mit der Todesangst

Die Traumaforschung[8] hat in jüngster Zeit darauf hingewiesen, was für posttraumatische Belastungsstörungen (PTBS) aus dem Erleben von Gewalt und Todesangst resultieren (können). „Tödliche Diagnose" oder Todesurteil, also angekündigter vorzeitiger Tod, kann durch die wiederholte oder permanente Todesangst zu „kumulativer Traumatisierung" führen.
Was das Sterben angeht, so kennt man die weit verbreitete Annahme oder den Anspruch, dass jemand sich „mit seinem Sterben auseinanderzusetzen" habe und den Tod und die Todesangst nicht verdrängen dürfe, weil man sonst nicht „in Frieden" sterben könne. Eine individuelle Balance zu finden zwischen totaler Verdrängung der eigenen Sterblichkeit und einem zusätzlich krank machenden „sich dem Tod und der damit verbundenen Angst" - auszusetzen scheint die Aufgabe zu sein, die der Mensch zu bewältigen habe.
Dietrich Bonhoeffer hat spätestens seit dem Zeitpunkt seiner Verhaftung, (April 1943) vorerst weniger, dann immer mehr und zuletzt sicher an seine Hinrichtung denken müssen. Ab dem Sommer 1943 hatte er zudem damit zu rechnen, in seiner Gefängniszelle auf dem Dachgeschoß im Bombenhagel umzukommen. Ihm scheint eine Art seelische Balance gelungen zu sein. Der Titel, den sein Freund Eberhard Bethge Bonhoeffers Aufzeichnungen aus der Haft gegeben hat, Widerstand und Ergebung, treffen die beiden inhaltlichen Pole dieser Balance aus tiefstem Verständnis.
Bonhoeffer entwickelt Strategien, um nicht von der Todesangst überflutet zu werden. „Nicht die äußeren Umstände, sondern wir selbst werden es sein, die unseren Tod zu dem machen, was er sein kann, zum Tod in freiwilliger Einwilligung." (Essay zur Wende 1942/43, WE 25)

Besonders schlimm erleben Menschen jenen Zeitpunkt, an dem sie von Seiten der Schulmedizin als „austherapiert" gelten oder das Todesurteil feststeht. Dann kommt die Zeit, in denen „die Seele Achterbahn fährt“[9] und der Mensch ein Höchstmaß an Bewältigung erbringen will oder soll. Das Wissen um den möglichen baldigen Tod wird zur Dauerbelastung.

Wie ist Bonhoeffer damit umgegangen? Was von seinem Glauben war hilfreich für ihn und in welcher Weise hat er sich das nutzbar gemacht? Welchen Widerstand (nicht nur politischen) hat er geleistet? Wo hinein hat er sich ergeben, was für eine Art Ergebung war das, und wem oder was hat er sich gerade nicht ergeben?

5.1 Strategien Bonhoeffers im Umgang mit der Todesangst

5.1.1 Strategie: Beten

„Unser Christsein wird heute nur in zweierlei bestehen: im Beten und im Tun des Gerechten unter den Menschen." (Mai 1944, WE 150-158) Berühmt geworden sind Bonhoeffers Gebete, Gedichte und Lieder aus der Haft. (Weihnachten 1943, WE 79-82) Sie scheinen nicht nur vielen Menschen in ihrer eigenen Not zu helfen, sie sind auch deshalb so bewegend, weil sie die eigenen Hochs und Tiefs des Verfassers miterleben lassen; seine Erfahrungen der Angst, der Einsamkeit, der Verzweiflung, aber auch des erfahrenen Trostes, der Zuversicht und Stärke. Bonhoeffer hatte schon langjährige Praxis im Beten vor seiner Verhaftung.
Trotzdem erhält das Gebet in solch einer Gefangenschaft einen neuen mächtigen Stellenwert.

Vielfach erfahren wir von seinen heftigen Stoßgebeten in höchster Not während der Bombenabwürfe. (29. November 1943, WE 86 und 29. Januar 1944, WE 108).

Er erzählt, dass das Beten und Singen von Paul Gerhardts Liedern seinen Tag strukturiert. (18. November 1943, WE 72): „In den ersten 12 Tagen, in denen ich hier als Schwerverbrecher abgesondert und behandelt wurde - meine Nachbarzellen sind bis heute fast nur mit gefesselten Todeskandidaten belegt - hat sich Paul Gerhardt in ungeahnter Weise bewährt, dazu die Psalmen und die Apokalypse."

An seine Familie und Freunde gedenkt er in steter Fürbitte (WE 74). Er selbst bittet auch um Fürbitte für sich, insbesondere seinen Freund Eberhard (WE 139).

Inhaltlich sind die uns überlieferten Gebete Dokumente einer innigen Verbindung zwischen dem Betenden und Gott. Aber nicht nur der Betende ist mit Gott verbunden, auch alle anderen, derer er gedenkt, und die seiner gedenken, bleiben in einer großen Gemeinschaft in Gott verbunden.

Weiterhin bietet ihm das Beten nach dem Vorbild der Psalmen Gelegenheit, seine Gefühle ungeschönt wahrzunehmen und auf Gott hin zu kanalisieren, so dass diese ihn nicht überfluten. Vor Gott dürfen sie sein, werden aussprechbar und aushaltbar. Alle so zur Sprache gebrachten Gefühle erfahren bei Gott einen Zufluchtsort, eine Heimat.

„In mir ist es finster, aber bei Dir ist das Licht; ich bin einsam, aber du verlässt mich nicht; ich bin kleinmütig, aber bei dir ist Hilfe; ich bin unruhig, aber bei Dir ist Friede; in mir ist Bitterkeit, aber bei dir ist die Geduld." (Aus "Gebete für Mitgefangene", WE 79-82)

Wie schon weiter oben angedeutet, formuliert Bonhoeffer seine eigene innere Zerrissenheit und den Unterschied zwischen Fremd- und Selbstwahrnehmung zusammengefasst in seinem Gedicht „Wer bin ich?

Einsames Fragen treibt mit mir Spott." (WE 188) So kann die Verwirrung, die Unsicherheit, die Angst in Worte fließen und muss nicht unterdrückt werden.

Und immer ist Gott der Adressat, sodass nicht ein Mensch überfrachtet und überfordert wird mit der Last solcher Gefühle, weder Bonhoeffer selbst noch sein menschliches Gegenüber.

Er betet nicht nur morgens und abends, Tag und Nacht, sondern bleibt ständig im Dialog mit seinem Gott. Es könnte sein, dass hierin der „Gebrauchswert" der Gebete Bonhoeffers für Menschen liegt, deren Tage gezählt sind. Bonhoeffer lehrt uns, Gebete so zu formulieren, dass widerstreitende Emotionen und gegensätzliche Lebenswirklichkeiten gleichzeitig nebeneinander zur Sprache kommen können und dürfen, sodass die Spannung nicht selber aufgelöst werden muss, sondern Gott überlassen werden kann.

5.1.2 Strategie:
Die Schätze des gelebten Lebens heben und ans Licht holen

Ich habe das große (...) „Bedürfnis, mir meine eigene Vergangenheit gegenwärtig zu machen in einer Situation, in der die Zeit so leicht ‚leer' und ‚verloren' erscheinen könnte", schreibt er. Und weiter: „Dankbarkeit und Reue sind es, die uns unsere Vergangenheit immer gegenwärtig halten.“ (Brief vom 8. November 1943, WE 73)

Bonhoeffer übt sich darin, Erinnerungen wie Schätze aus einer Schatzkiste zu nehmen und diese immer wieder zu betrachten. Er beschreibt und erzählt, was ihm an Gutem im Leben widerfahren ist, woran er sich gerne erinnert, welche Begegnungen ihm wertvoll waren.

Musikalische Ereignisse, familiäre Begebenheiten und Feste, Reisen mit Freunden, Erlebnisse mit für ihn wichtigen Menschen, u. v. m.
Er erinnert sich, wie er nach der Rückkehr aus den USA 1931 ein Laubengrundstück pachtete, um die Abende und Wochenenden mit Proletarierkindern verbringen zu können und sie auf die Konfirmation vorzubereiten.[10] Er wollte sie nicht von der Kanzel belehren, sondern mit ihnen leben und ihre Sprache verstehen lernen. Dazu lehrte er sie auch Schach und Englisch und beschenkte jeden mit Stoff für einen Konfirmationsanzug.
Die Finkenwalder Zeit bewegt er nochmals in Gedanken: Wie alles zuerst in Strohhütten zwischen den Dünen am Ostseestrand notdürftig angefangen hatte und wie er in dieser Zeit mit den vom ihm auszubildenden Pastoren zusammengewachsen war. (WE 84) „Am dankbarsten bin ich für die Menschen, denen ich nahe begegnet bin [...] schreibt er am 23. August 1944 (WE 211).
Er betrachtet auf diese Weise die „Guthabenseite" seines Lebens und kommt zu dem Schluss: Ich bin nicht zu kurz gekommen, habe etwas aus meinem Leben gemacht, ich habe nicht umsonst gelebt. Auch wenn es vorzeitig zu Ende geht, war mein Leben nicht sinnlos oder wertlos. Er lässt das Wesentliche in seinem Leben, an sich vorüberziehen. Das dient nicht nur der Bilanzierung, die ein Hinweis darauf ist, dass er seine Tage für gezählt hält, sondern ermöglicht im Wiedererleben kleine und größere Fluchten, Erholung im Gefängnisalltag. „(...) es ist merkwürdig wie die nur mit dem inneren Ohr gehörte Musik, wenn man sich ihr gesammelt hingibt, fast schöner sein kann, als die physisch gehörte; sie hat eine größere Reinheit, alle Schlacken fallen ab; sie gewinnt gewissermaßen einen ‚neuen Leib'!" (27. März 1944, WE 132)
Aber dieses Erinnern der schönen Erlebnisse in seinem Leben hat auch einen Preis. Denn je mehr er vom Schönen schreibt und es innerlich

wieder erlebt, desto schmerzlicher spürt er, was ihm fehlt, was er gerne hätte, was vielleicht nie mehr sein wird. Er liefert sich diesem Schmerz aus. Er bringt seine Gefühle in dem Gedicht „Vergangenheit" (WE 167) zum Ausdruck. Er akzeptiert die Sehnsucht und die Abschiedsschmerzen, die Trauer über Unwiederbringliches und über Trennung als einen Teil des Lebendigseins. Das alles sind keine Gefühle, die er zu meiden versucht, er überlässt sich ihnen, soweit er es ertragen kann, hält sie als Erfahrungen fest und schreibt seinem Freund davon. Auch das, was es in seinem Leben nicht gegeben hat, das „ungelebte Leben" und der Schmerz darüber, wird nicht verdrängt:

> *„(...) von Maria sprechen. Nun sind wir fast ein Jahr verlobt und haben uns noch nie 1 Stunde allein gesehen! Ist das nicht ein Wahnsinn? Alles was sonst zur Verlobungszeit gehört, das Sinnlich-erotische müssen wir bewusst verdrängen [...] wir sitzen alle Monate eine Stunde brav wie auf der Schulbank nebeneinander und werden wieder auseinander gerissen, wir wissen so gut wie nichts voneinander [...] Manchmal denke ich, ich hätte nun eigentlich mein Leben mehr oder weniger hinter mir und müsste nur noch meine Ethik fertig machen. Aber weißt Du, in solchen Augenblicken fasst mich ein mit nichts anderem vergleichendes Verlangen danach, ein Kind zu haben und nicht spurlos abzutreten." (aus einem Brief an Eberhard Bethge vom 15. Dezember 1943, WE 92)*

5.1.3 Strategie: Widerstand

Widerstand bei Bonhoeffer bringen wir zuallererst mit seinem politischen Widerstand in Verbindung. Im Gefängnis übt er aber auch Widerstand gegen den Schmerz der an ihn persönlich gerichteten Gewalt und gegen die Kränkung von Demütigungen. Letztlich aber meint Widerstand bei

Bonhoeffer den Widerstand gegen die innere Überflutung von Unruhe, Ungeduld, Angst, Bitterkeit, Resignation und Verzweiflung und damit gegen die Überflutung von Todesangst, die seine Glaubensgewissheit schwächen könnte.

„In seinen Briefen erscheint Bonhoeffer nicht nur erstaunlich gefasst, er bemüht sich ausdrücklich, aufkeimende ungute Gefühle abzuwehren", schreibt Dagmar Kreitzscheck.[11] Manchmal begründet er dies mit seiner akademischen Bildung oder mit seiner familiären Herkunft, manchmal aus Gründen der Mannhaftigkeit. Wie immer er das begründet, er tut das jedoch so entschieden, dass zu vermuten ist, dass er auch selbst davon überzeugt ist, dass es ihm nicht gut täte, sich der Angst und der Verzweiflung zu überlassen.

In einer Bemerkung an seinen Freund erinnert er sich aber sehr wohl an frühere Zeiten, wo er am eigenen Leib erfahren hat, was es heißt, bitter, depressiv oder verzweifelt zu sein. (WE 72) Er widersteht diesen Geistern trotzig, und ist nicht bereit, sich in seiner Lage im Gefängnis unterkriegen zu lassen.

„Ich *bin* [Hervorhebung HK] in diesen Tagen von schweren Anfechtungen *bewahrt worden*. [Hervorhebung HK] [...]. Aber ich habe mir von Anfang an gesagt, dass ich weder den Menschen noch dem Teufel diesen Gefallen tun werde;" (18. November 1943, WE 72). Die Passivformulierung (*bin bewahrt worden*) zeigt, dass Bonhoeffer Erfahrung damit hat, dass Anfechtung und Depression nicht einfach mit Willenskraft vom Leib gehalten werden kann, (siehe auch WE 31) aber genauso zeigt sich hier ein Kampfgeist, der gegen innere Verzweiflung wie gegen äußere Demütigung Widerstand leistet. Er hat sich dafür entschieden, seinen Widersachern im Inneren wie Außen keine Macht über sich zu geben und vertraut auch hier auf die Hilfe Gottes.

Eine solche Haltung findet sich noch mehrfach, so z.B. in seinem Brief vom 27. November 1943 (WE 83): „Inzwischen war hier der erwartete Großangriff auf Borsig [...]. Schauderhaft das Toben und Schreien der Gefangenen in den Zellen [...] Ganz offen reden die Leute hier von der Angst, die sie gehabt haben. [...] Ob nicht die Angst doch zu den ‚*pudenda'* gehört, die verborgen werden sollen?" Bethge antwortet ihm mit folgender Frage: „Wie ist es mit der Angst Christi, die doch ausgesprochen wird?" Am 23. Januar 1944 (WE 106) antwortet Bonhoeffer: „Sie wird doch nur im Gebet (wie auch in den Psalmen) ausgesprochen [...]."

Das Angst-Haben und besonders das Sich-der-Angst-Ausliefern rechnet Bonhoeffer zum ‚Sündersein' des Menschen, da der Mensch ja biblisch angehalten wird, immer und überall auf Gott zu vertrauen. Daher - findet Bonhoeffer - gehört der Ausdruck der Angst ins Gebet und in die Beichte, aber auch ins vertrauensvolle Gespräch mit seinem Freund, dem er freimütig seine Angst bekennt und sie beschreibt.

Hier gilt es zu unterscheiden: Es geht nicht darum, Angst nicht mehr zu spüren oder sie zu verdrängen. Das macht uns Bonhoeffer auch nicht vor. Es geht darum, Todesangst nicht uneingeschränkt Raum zu geben, sodass sie uns überflutet, sondern ihr einen Ort zuzuweisen, wo sie abgeladen werden kann. Und dieser Ort ist für Bonhoeffer Gott, zu dem er sie in Stoßgebeten schickt: „Ich muß Dir persönlich noch folgendes sagen: die schweren Luftangriffe, besonders der letzte, bei dem ich, als durch die Luftminen im ganzen Revier die Fenster herausstürzten, [...] völlig im Dunkeln auf dem Fußboden lag und nicht viel Hoffnung auf einen guten Ausgang hatte, führen mich ganz elementar zum Gebet und zur Bibel zurück." (29. November 1943, WE 86)

Angemerkt sei, dass sich Bonhoeffers Zelle im Dachgeschoß befindet, wo er im Sommer brütender Hitze, im Winter beißender Kälte ausgesetzt ist. Zudem sieht er durch das kleine Dachfenster die Bomber über der Stadt oft direkt auf sich zu fliegen. „Es ist wirklich ein eigenartiges Gefühl, die ‚Weihnachtsbäume', diese Leuchtabsteckzeichen, die das Kommandoflugzeug abwirft, unmittelbar über sich heruntergehen zu sehen", bemerkt Bonhoeffer dazu am 27. November 1943 (WE 83).

Zu seinem Widerstand gehört auch, dass er den Gedanken, doch noch frei zu kommen bis zum Ende nicht aufgibt. Solange er schreiben kann, schreibt er immer wieder an Eltern, Geschwister und Freunde, wie sehr er sich auf ein mögliches, baldiges Wiedersehen freut. Auch wenn er mit dem Schlimmsten rechnet - er regelt seine Angelegenheiten, schreibt sein Testament, - hofft er aber gleichzeitig immer, dass das gerichtliche Verfahren bald stattfindet und er freigesprochen wird.
Auch im Widerstand wird seine ambivalente Haltung deutlich, die er aber als Spannung nicht bekämpft, sondern bestehen lässt: Seiner Familie und seiner Braut macht er Mut, gibt Hoffnung und Zuversicht. In den Briefen an seinen Freund wird er ganz offen und schreibt immer wieder, wie schwer es ihm im Gefängnis ist:

> *„Und schließlich würde ich anfangen, Dir zu erzählen, z.B. daß es trotz allem, was ich so geschrieben habe, hier scheußlich ist, dass mich die grauenhaften Eindrücke oft bis in die Nacht verfolgen und daß ich sie nur durch das Aufsagen unzähliger Liederverse verwinden kann [...] Du selbst schriebst so nett, ich sei ‚etwas bemüht' gewesen, euch über meine Lage Zuversicht zu geben. Ich frage mich selbst oft, wer ich eigentlich bin, der, der unter diesen grässlichen Dingen hier immer wieder sich windet und das heulende Elend kriegt, oder der, der dann mit Peitschenhieben auf*

sich selbst einschlägt und nach außen hin (und auch vor sich selbst) als der Ruhige, Heitere, Gelassene, Überlegene dasteht […]." (15. Dezember 1943, WE 91)

Widerstand bezeichnet hier eine Aktivität höchster willentlicher, innerer Anstrengung. Das erleben wir bei der Lektüre der Briefe Bonhoeffers immer wieder, z. B. wenn er im Jänner 1944 feststellt, „dass Gelassenheit nicht ein Stück meiner Natur ist, sondern dass ich sie mir immer wieder mühsam erobern muß." (WE 104)

5.1.4 Strategie: Ergebung

„Anfangs beunruhigte mich auch die Frage, ob es wirklich die Sache Christi sei, um derentwillen ich Euch allen solchen Kummer zufüge; aber bald schlug ich mir die Frage als Anfechtung aus dem Kopf und wurde gewiß, daß gerade das Durchstehen eines solchen Grenzfalles mit aller seiner Problematik mein Auftrag sei und wurde darüber ganz froh und bin es bis heute geblieben." (18.November1943, WE 72)

Was Ergebung nicht ist, kennzeichnet Bonhoeffer ganz deutlich: eben kein resigniertes Sich-Abfinden. Er ergibt sich nicht in sein Schicksal, sondern hat nach wie vor Kontrolle über sein Denken, Reden und Verhalten. Bonhoeffer definiert sein Leiden als einen Weg zur Freiheit, indem er festhält, dass es die Fortsetzung der verantwortlichen Tat ist. „Und noch etwas ganz anderes", schreibt er an seinen Freund am 28. Juli 1944 (WE 198): „nicht nur die Tat, sondern auch das Leiden ist ein

Weg zur Freiheit. Die Befreiung liegt im Leiden darin, daß man seine Sache ganz *in die Hände Gottes legen* [Hervorhebung HK] darf."

Auch hier wird das „in die Hände Gottes legen" aktiv formuliert. Ergebung in Gottes Willen ist nach Bonhoeffer etwas ebenso Aktives wie der Widerstand. Er hat buchstäblich am eigenen Leib gelernt, dass das Geheimnis der Freiheit nur der entdecken kann, der Selbstbeherrschung, Mut zum Eingreifen, Hingabe und Annahme von Leiden und Tod aus Gottes Hand in seinem Lebenslauf erfährt. Der Satz seines Gedichts „Nicht in der Flucht der Gedanken, allein in der Tat ist die Freiheit" (WE 208), wandte sich gegen alle lutherischen, pietistischen und liturgischen Rückzüge aus dem politischen Gottesdienst. In die gleiche Richtung zielt seine inzwischen viel zitierte Aussage nach den Novemberprogromen 1938, die uns nur mündlich überliefert ist: „Nur wer für die Juden schreit, darf auch gregorianisch singen".[12]

Die dritte Strophe des berühmten Gedichtes zur Jahreswende 1944/45 (WE 218), das er mit einem letzten Brief an seine Mutter und an seine Braut sendet, „Von guten Mächten wunderbar geborgen"[13] formuliert das definitiv:

> *„Von guten Mächten treu und still umgeben, / behütet und getröstet wunderbar,*
> *so will ich diese Tage mit euch leben / und mit euch gehen in ein neues Jahr;/*
> *Und reichst Du uns den schweren Kelch, den bittern, / des Leids, gefüllt bis an den höchsten Rand, / so nehmen wir ihn dankbar ohne Zittern / aus Deiner guten und geliebten Hand."*

Immer geschieht diese Ergebung, von der man annehmen könnte, sie sei etwas Passives, in der Aktivität des Glaubens, der Haltung und des Willens.

5.1.5 Strategie: Beziehung zu Gott als Verbündeter

Die Übergänge zwischen Widerstand und Ergebung scheinen bei Bonhoeffer fließend zu sein. Er beschreibt solche Übergänge in seinem Brief vom 21.Februar 1944 (WE 119f):

> *„Ich habe mir hier oft Gedanken darüber gemacht, wo die Grenzen zwischen dem notwendigen Widerstand gegen das ‚Schicksal' und der ebenso notwendigen Ergebung liegen. [...] Ich glaube, wir müssen das Große und Eigene wirklich unternehmen und doch zugleich das Selbstverständlich- und Allgemein- Notwendige tun, wir müssen dem ‚Schicksal' – ich finde das ‚Neutrum' dieses Begriffes wichtig – ebenso entschlossen entgegentreten wie uns ihm zu gegebener Zeit unterwerfen. Von ‚Führung' kann man erst jenseits dieses zwiefachen Vorgangs sprechen, Gott begegnet uns nicht nur als Du, sondern auch ‚vermummt' im ‚Es', und in meiner Frage geht es also im Grunde darum, wie wir in diesem ‚Es' (Schicksal) das ‚Du' finden, oder mit anderen Worten, wie aus dem ‚Schicksal' wirklich ‚Führung' wird. Die Grenzen zwischen Widerstand und Ergebung sind also prinzipiell nicht zu bestimmen; aber es muß beides da sein und beides mit Entschlossenheit ergriffen werden. Der Glaube fordert dieses bewegliche lebendige Handeln. Nur so können wir die jeweilige gegenwärtige Situation durchhalten und fruchtbar machen."*

In unserer Zeit, da „Patientenautonomie" ein vieldiskutierter Begriff ist, im Sinne von aktiv beteiligt bleiben an Entwicklungen und Entscheidungen bis hin zum Tod, kommt Bonhoeffers Art, mit dem angedrohten Tod umzugehen eine hohe Aktualität zu.

Auch wenn er dem totalen Kontrollverlust ausgeliefert zu sein scheint, so setzt er diesem Anschein entgegen, dass es letztlich Gott ist, der die

Kontrolle innehat. In der Beziehung zu diesem Du nämlich wird der eigene Kontrollverlust erträglich, kann Zustimmung finden. Anstatt zu jammern, strengt er sich an, dieses ‚Du' im vermeintlichen Schicksal zu finden. Allein diesem ‚Du', das er in Gott findet, ergibt er sich. Er erleidet auch hier nicht passiv, sondern nimmt aktiv alles, was ihm geschieht, aus seines Gottes Hand. Diese ‚freiwillige Einwilligung' ändert alles. Dietrich Bonhoeffer gelingt es so, sich nicht als Opfer einer nationalsozialistischen Willkürjustiz zu fühlen, er bleibt bis zuletzt Gestalter seines Lebens und erlebt dabei sich und Gott als Verbündete.

6. Die Frage nach dem Tod

Bonhoeffer musste ertragen, dass sich sein Leben in dieser Zeit der Haft unmittelbar an der Todeslinie entlang bewegte, und jederzeit und unberechenbar durch einen plötzlichen, jedenfalls gewaltvollen Tod beendet werden konnte. Sich mit dem Sterbenmüssen und dem eigenen persönlichen Todesweg auszusöhnen, gehört zu der Spezies Mensch. „Der eigene Tod ist [...] der unübertreffliche und unersetzliche *Intimus* des eigenen Lebens".[14]

„Mit dem Sterben fertig zu werden, bedeutet noch nicht mit [dem] Tod fertig werden. Die Überwindung des Sterbens ist im Bereich menschlicher Möglichkeiten, die Überwindung des Todes [aber] heißt Auferstehung". So schreibt er zu Ostern 1944. (WE 132)

Sabine Dramm, eine der HerausgeberInnen seiner Werke schreibt dazu: „Er hat [aber] aus der Auferstehungshoffnung nicht eine grandiose Garantieerklärung gemacht, Todesangst und Lebenssehnsucht ignoriert. Sie ist für ihn auch nicht eine Patentformel, die er im Falle des Todes parat hat, um zu beschwichtigen, was nicht zu beschwichtigen ist.[15]

Dennoch bildet der Auferstehungsglaube für Bonhoeffer die Quintessenz christlicher Todesdeutung. Um diesem großen Thema etwas Struktur zu geben, gehe ich im Folgenden auf drei Grundelemente in Bonhoeffers Nachdenken über den Tod näher ein:

6.1 Das 1. Grundelement: Die innere, lebenslang währende Annäherung an den eigenen Tod

„(...) ein Prozess des Vertrautwerdens und ein Vertrautsein mit dem Tod, wenn er denn kommt. Es ist die Hoffnung auf eine Kongruenz des Todes von außen mit dem Tod in uns selbst."[16] Die Tatsache des Todes war Hintergrundmotiv des eigenen gelebten Lebens und Basisferment seines Glaubens. Bonhoeffer wurde mit ihr zum ersten Mal direkt durch den Kriegstod seines Bruders 1918 konfrontiert. Seine Zwillingsschwester erinnert sich an gemeinsame Sterbe- und Ewigkeitsphantasien, mit denen sie als Kinder versuchten, Todesangst und Todesfaszination zu bannen. Von dem Bemühen, den Tod meisterhaft zu bewältigen, und dem Erschrecken angesichts eigener heilloser Todesfurcht handelt eine Textskizze aus dem Jahre 1932.[17]

In der Haft nimmt Bonhoeffer diese Gedanken wieder auf, und erinnert sich an seine eigenen Worte in einer Predigt zum Totensonntag[18] 1933 in London aus dem Buch der Weisheit (3,3): „Wo wir nichts sehen als Hoffnungslosigkeit und das Nichts, da sagt Gott: ‚Aber sie sind in Frieden'". Auch wenn dies für unser Denken unverständlich sei, könnten wir uns auf dieses ‚Aber' Gottes verlassen. Zu unserer Angst um die Toten - und um uns selbst - und gegenüber dem Leiden der Sterbenden will Gott selbst zu Wort kommen. „[...] Wissen und Hoffnung kommen vom Blick auf Gott, dem wir alles anheim stellen und dem wir glauben, weil Jesus sagt: Ich bin die Auferstehung und das Leben, ich lebe und ihr sollt auch leben." Gott will uns die Gewissheit geben, dass wir auf seine Gegenwart im und nach unserem Tod vertrauen können. „Daß das Leben erst anfängt, wenn es hier aufhört, daß alles nur Vorspiel ist vor dem geschlossenen Vorhang", dessen ist sich Bonhoeffer schon mit 27 Jahren gewiss.

In seinem Essay an die Freunde im Widerstand zur Jahreswende 1942/43 (WE 24f) unter der Überschrift: „Gefährdung und Tod" schreibt Bonhoeffer: „Der Gedanke an den Tod ist uns in den letzten Jahren immer vertrauter geworden. [...] Wir können den Tod nicht mehr so hassen, wir haben in seinen Zügen etwas von Güte entdeckt und sind fast ausgesöhnt mit ihm." Aber hier hören wir nicht ein Versuch von Harmonisierung oder Verharmlosung des Bruches, den jeder Tod bedeutet, auch keine voreilige oder scheinheilige Todesbereitschaft. Denn er schreibt auch: „Wir heroisieren den Tod auch nicht, dazu ist uns das Leben zu groß und zu teuer. Noch lieben wir das Leben, aber der Tod kann uns nicht mehr überraschen."

Er unterscheidet dabei den Tod, der von außen als Ereignis an uns heran tritt und den Tod in uns. Der Tod in uns gehöre nur uns selbst. „Wir sterben ihn in Jesus Christus täglich oder wir verweigern ihn", schreibt er, indem wir dem Bösen und Feigen in uns absterben und dem Gerechten und der Liebe in Jesus leben. Es sei Sache des Gebetes, der Sehnsucht Ausdruck zu verleihen, „daß uns der Tod von außen erst antrifft, wenn wir durch diesen eigenen [inneren HK] Tod für ihn bereit gemacht sind [...]; dann ist unser Tod wirklich nur der Durchgang zur vollendeten Liebe Gottes."[19]

6.2 Das 2. Grundelement:

Die unverbrüchliche Hoffnung, dass Gottes Wirklichkeit den Tod besiegt und damit die Nichtigkeit des Todes besiegelt

Dieses Element scheint das Fundament der anderen Grundelemente zu sein. In seiner Predigt zu Ostern 1928 in Barcelona sagte Bonhoeffer:
„Der Sinn der Osterbotschaft ist: Gott ist des Todes Tod, Gott lebt und so lebt auch Christus, der Tod hat ihn nicht halten können gegen die Übermacht Gottes." Das erinnert an Paulus in 1. Kor. 15, 55: „Der Tod ist verschlungen in den Sieg. Tod, wo ist dein Stachel? Hölle, wo ist dein Sieg?" Dazu Bonhoeffer am 27. März 1944 (WE 132): „Sokrates überwand das Sterben, Christus überwand den Tod (1. Kor 15,26)."
An dieser ein für allemal vollzogenen Überwindung des Todes teilzuhaben, gehört bei Bonhoeffer zu der Gewissheit des Glaubens.
Zur Jahreswende 1942/43 (WE 24f) schreibt er an seine Freunde: „Ich glaube, daß Gott uns in jeder Notlage soviel Widerstandskraft geben will, wie wir brauchen, aber er gibt sie nicht im voraus, damit wir uns nicht auf uns selbst, sondern allein auf ihn verlassen. In solchem Glauben müsste alle Angst vor der Zukunft überwunden sein." Hier finden wir den Stoff für seine Vorstellung vom Durchgang, vom Anfang, den der Tod bedeutet. Er entwickelte diese Vorstellung nicht erst in Todesnähe, sondern schrieb Ende August 1944 (WE 209) aus dem Gefängnis von der Gewissheit, dass „im Leiden unsre Freude, im Sterben unser Leben verborgen" sei und dass es gewiss sei „dass wir in dem allen in einer Gemeinschaft stehen, die uns trägt." Damit wollte er weder das Leiden verherrlichen noch den Tod mystifizieren. Für ihn war das die logische Kehrseite "dass durch die Auferstehung das Todesgesetz zerbrochen" ist. „Gott ist im Leben und im Tod gegenwärtig - oder es gibt ihn nicht." (WE 209)

Auferstehung versteht Bonhoeffer als die Zusage der Wirklichkeit Gottes, die die äußerste Destruktion, die der Tod bedeutet, außer Kraft setzt. Sabine Dramm stellt dazu fest: „Das Vertrauen, auch im Tod von und in Gottes Gegenwart [...] aufgehoben zu sein, bildete das den Glauben Bonhoeffers schlechthin konstituierende Element."[20]

6.3 Als 3. Grundelement:
Ein nüchternes JA zum Faktum des Todes

„Der Ernst der Welt ist der Tod" sagt er in seiner Predigt von 1928 und das ‚Gesetz des Todes', das ‚Todesverhängnis' ist dem Leben eingeschrieben."[21] Mitten in aller Lebensliebe vermittelt er eine Gelassenheit, die in den Jahren der andauernden Gefährdung gewachsen sein mag. Bonhoeffer liebte das Leben, aber er respektierte die Unentrinnbarkeit des Todes und unternahm es nie, diese schön zu färben.

Alles Leben und die Schöpfung als Ganzes vollziehen sich unter dem Licht der Vergänglichkeit. Am 21. Mai 1944 (WE 161) stellt er fest: „Die Stunde des Todes ist dem Menschen bestimmt und sie wird ihn überall finden, wo sich der Mensch auch hinwendet. Und wir müssen dafür bereit sein." Es scheint, als habe Bonhoeffer tatsächlich diese geistige Erkenntnis praktisch und konkret in sein Leben integrieren und durchhalten können.

7. Das Ende

Mitten in der ungeheuren Erschütterung, als er die Nachricht vom Zossener Aktenfund erhält und daher mit dem sicheren Ende für sich und auch für seine Freunde rechnen muss, schreibt er in einem Brief an seinen Freund seine endgültige Aussage über den Tod.

> *"Tod, / Komm nun, höchstes Fest / auf dem Wege zur ewigen Freiheit, / Tod, leg nieder beschwerliche Ketten und Mauern / unseres vergänglichen Leibes / und unserer verblendeten Seele, / daß wir endlich erblicken, / was uns hier zu sehen missgönnt ist. / Freiheit, dich suchten wir lange / in Zucht und in Tat und in Leiden. / Sterbend erkennen wir nun im Angesicht Gottes / dich selbst." (WE 208f)*

Nachdem er am 8. April 1945 (WE 226) auf Wunsch seiner Mithäftlinge in Schönberg noch einen Gottesdienst improvisiert hatte, wird er ins KZ Flossbürg abtransportiert. Ein SS-Standgericht verurteilt ihn dort am selben Abend wegen Hoch- und Landesverrates zum Tode durch den Strang.

Die letzte bezeugte Äußerung Bonhoeffers ist die an einen englischen Mitgefangenen: „Sage meinem Freund, dem Bischof von Chichester, wenn Du die Heimat noch erreichen solltest: ‚Das ist das Ende - für mich der Beginn des Lebens'". (WE 227)

Mit diesem Satz nimmt er noch einmal den Nazitätern die Definitionshoheit über seinen Tod. Nein, seinen Tod nimmt er nur aus Gottes Hand. Er wird nicht Opfer sein, er bleibt Gestalter seines Lebens und erlebt Gott dabei als seinen Verbündeten.

An dieser Stelle seien seine Wort aus dem Brief an seine Freunde im Widerstand (Wende 1942/43, WE 25) noch einmal angeführt: „Nicht die äußeren Umstände, sondern wir selbst werden es sein, die unseren Tod zu dem machen, was er sein kann, zum Tod in freier Einwilligung."

Jahre später berichtet der Lagerarzt, wie es ihn selbst zutiefst erschüttert habe, als er Bonhoeffer am 9. April im Morgengrauen in der Todeszelle knien und auf seine besondere Art hingebungsvoll und erhörungsgewiss beten sah.[22] Danach habe der Todeskandidat sich freundlich von seinen Mithäftlingen verabschiedet. Zur Erniedrigung der Angeklagten und Belustigung des SS-Personals mussten sich alle zur Hinrichtung Bestimmten zuvor völlig entkleiden und nackt zum Galgen gehen. Bonhoeffer habe völlig ruhig und gesammelt gewirkt. Nach Zuziehen des Stranges trat sein Tod sofort ein.

Wie er den Moment seines Sterbens wirklich erlebt hat, kann niemand wissen. Aber er scheint bis zum Ende in der unerschütterlichen Gewissheit verankert geblieben zu sein, ‚dass der Tod nur der Durchgang zur Freiheit in der vollendeten Liebe Gottes sei'. Es scheint, als habe er die Erfahrung gemacht, dass die spürbare Nähe Gottes die Angst vor dem Sterben und das Grauen vor dem Tod überwindet.

8. Nachsatz 1

Kein anderes theologisches Buch des 20. Jahrhunderts hat einen nachhaltigeren Eindruck ausgeübt als Dietrich Bonhoeffers Briefe und Auszeichnungen aus der Haft, die 1951 zum ersten Mal von Eberhard Bethge veröffentlicht wurden. Auf geschätzte fünfhunderttausend Exemplare beläuft sich die deutsche Ausgabe dieses Bandes, der - inzwischen in 19 Sprachen übersetzt - längst ein Klassiker geworden ist. Auch ein halbes Jahrhundert nach der Erstveröffentlichung hält die Ausstrahlung noch unvermindert an.[23]

Bonhoeffer kann zu einem Beispiel für gelebten Glauben im Leben und im Sterben werden. Es lohnt sich, seine politische Ethik in die jeweilige Gegenwart und Zukunft zu transponieren. Der Brückenschlag in die Vergangenheit kann tatsächlich zu einem in die eigene Zukunft werden, gerade indem Antinomien des Glaubens wahrgenommen und durchgehalten werden: der leidende Gott *und* der verheißende Gott, die einfache Ethik *und* die verflixt schwer zu lebende Ethik, der Tod als Feind *und* der Tod als Bruder, Verlassenheitsschrei am Kreuz *und* die Gewissheit der endgültigen Wirklichkeit Gottes."

Seine gottes- und selbstgewisse Art des Glaubens war verknüpft mit Einfühlsamkeit in anders denkende Menschen und in seiner Schule ist eine Empathie für an Gott und der Welt verzweifelnde Menschen zu lernen. Bonhoeffer hat insbesondere auch für Christen, die in Unterdrückungssituationen und -systemen lebten und leben, große Bedeutung. Die Spuren Bonhoeffers geben Antworten auf die Frage, wer Christus für uns heute sein könnte. Unserer Realität und seiner Radikalität angemessen wäre, ihn beim Wort zu nehmen.

Anmerkungen

[1] Vgl.: Krause, Gerhard: Bonhoeffer, Dietrich, in: TRE 7, (1981) 55-65, hier 55f. Bethge, Eberhard: Dietrich Bonhoeffer. Theologe/Christ/Zeitgenosse. Eine Biographie, München: (o.V.) 1967, 246ff.

[2] Vgl.: Krause, Bonhoeffer, 55f.

[3] Vgl. auch: Bautz, Bonhoeffer, 681- 684 und http://de.wikipedia.org/wiki/Dietrich_Bonhoeffer, (lesenswerter Artikel) [abgerufen am 12.6.2011].

[4] Zossener Aktenfund: Durch Verrat fand die Gestapo am 22. September 1944 die in einem unterirdischen Bunker in Zossen versteckten Akten, in welchen nicht nur die Gräueltaten des NS-Regimes akribisch verzeichnet waren, sondern auch alle Widerstandstätigkeiten und die Namen aller Beteiligten festgehalten waren, um den Alliierten nach ihrem Sieg nachzuweisen, dass es in Deutschland Opposition gegen Hitler gegeben habe. Bonhoeffer persönlich hatte immer entgegen anderen die Meinung vertreten, dass um der Sicherheit der Widerstandskämpfer willen keinerlei Dokumente aufbewahrt werden dürften.

[5] Dramm, Bonhoeffer, 263.

[6] Bethge, Eberhard, u.a. (Hg): Dietrich Bonhoeffer Werke, 8, Gütersloh: Gütersloher Verlagshaus 1998, 59.

[7] Vgl. Dramm, Bonhoeffer, 257.

[8] Vgl. Kreitzscheck, Dagmar: Bonhoeffer und der Umgang mit dem angekündigten Tod, in: Klein, Andreas / Geist, Matthias (Hg): "Bonhoeffer weiterdenken..." Zur theologischen Relevanz Dietrich Bonhoeffers (1906-1945) für die Gegenwart, Wien: Lit Verlag 2006 (= Theologie, Forschung und Wissenschaft, 21, 139-156.

[9] Vgl. Kreitzscheck, Bonhoeffer, 140.

[10] Vgl.: Betz, Otto: Das Wagnis mit der Welt. Christliches Zeugnis in unserer Zeit, München: Verlag J. Pfeiffer 1965, 56.

[11] Kreitzscheck, Bonhoeffer, 149.

[12] Roggelin, Holger / Pangritz, Andreas: Wer singt gregorianisch? These und Kommentar, in: Dietrich-Bonhoeffer-Jahrbuch 2 (2005/2006) 196–209.

[13] Zur Situation: Die damit Gegrüßten feierten und dachten dabei an die zwei inhaftierten Söhne Klaus und Dietrich, an die zwei inhaftierten Schwiegersöhne Hans von Dohnanyi und Rüdiger Schleicher, an die Tochter Sabine, Dietrichs Zwillingsschwester, die mit ihrem jüdischen Mann Gerhard Leibholz nach London geflüchtet war und nun wegen der nationalsozialistischen Diktatur gleichfalls nicht anwesend sein konnte, sowie an den gefallenen Sohn Walter.

[14] Marten, Rainer; Der menschliche Tod. Eine philosophische Revision, Paderborn u.a., o.V. 1987, 10.

[15] Vgl.: Dramm, Bonhoeffer, 263.

[16] Dramm, Bonhoeffer, 259f.

[17] Vgl.: Dramm, Bonhoeffer, 257.

[18] Bethge, Eberhard (Hg): Dietrich Bonhoeffer. Gesammelte Schriften, 4, München: Kaiser Verlag 1965,163.

[19] Bethge, Dietrich Bonhoeffer Werke, 15, 271, zit. bei Dramm, Bonhoeffer, 259.

[20] Dramm, Bonhoeffer, 261.

[21] Bethge, Dietrich Bonhoeffer Werke, 10, 501.

[22] Vgl.: Bonhoeffer, Widerstand und Ergebung,228.

[23] Vgl.: Bonhoeffer, Widerstand und Ergebung,231.

Dietrich Bonhoeffer 's These vom „religionslosen Christentum“

Christentum ist Nachfolge Jesu in der Welt, es versteckt sich nicht in kirchlichen Institutionen. In einer religionslosen Umwelt entwickelt sich eine Gestalt des Christentums, die der alten religiösen Matrix entwachsen ist. Es hätte die Chance, ein Christentum ohne Privilegien, ein Christentum jenseits religiöser Be- und Gefangenheiten, ein christusgemäßes „religionsloses Christentum“ zu sein.[23]

Sollte der Gott, der die Christenheit ins Leben gerufen hat, etwas anderes als die moderne Industriegesellschaft gemeint haben, dann müsse sie ihre gesellschaftlichen Rollen als neue babylonische Gefangenschaft interpretieren und den Exodus wagen...
Als Arbeiterpriester an der Seite Benachteiligter stehen, Kirchen als Obdachlosenasyle, ...
Evangelium (...) verheißt uns die Identifikation Gottes mit der erfahrenen Wirklichkeit und ihre Durchkreuzung (...). Unerhört, wie das Versprechen der Liebe Gottes und die Ohnmacht des Sohnes Gottes in Gethsemane....
Nur wenn das Unerhörte, das Nicht-Religiöse der christlichen Botschaft, ihre Inkongruenz zu den von ihr erwarteten religiösen Funktionen effektiv wird, kann sie jenseits von Religion mitten in der Welt effektiv werden.
Ein religionsloses Christentum[23] wird die Gewissheit bekunden, dass Christentum etwas anderes ist als eine abgeleitete religiöse Funktion unseres Denkens und Handelns.
Religionsloses Christentum wendet sich gegen eine christliche Verkündigung, die nur noch aus "Religion" besteht. Religionsloses

Christentum schweigt nicht zu den äußeren Bedingungsfaktoren unseres Lebens und nicht zu der Welt, in der wir leben - weder zu einem Raubtierkapitalismus noch zu der irrationalen Topographie des Hungers; weder zu der rasenden Gentechnologie-Talfahrt noch zu dem "Schweigen der Lämmer" in, vor und hinter der Television. Weder zum neonazistischen Netz von Gewalt noch zum Ausverkauf der Schöpfung.

Religionsloses Christentum entspricht sicher nicht einer windschlüpfig gestylten geistlichen Servicefirma, nicht einem dynamischen Dienstleistungsbetrieb in Sachen Religion und nicht einem alerten Allroundunternehmen auf dem Spiritualien - Markt, nicht einer Weihrauch-Religion in Höchstformat.

Ein religionsloses Christentum würde eigensinniger und ärmer, stachliger und widerständiger sein. Es wäre Sand und nicht Öl im Getriebe dieser Welt. Es würde das sperrige Potential eines Jesus von Nazareth in den fremdgesteuerten Weltabläufen zur Geltung bringen. Es könnte in der Tat ein Christentum sein, das in der Säkularisierung zur wahrhaften Christlichkeit zurückfindet.

Nachsatz 2: Für akademisch Interessierte

Religion statt Glaube - Glaube statt Religion?

Über die Vergänglichkeit religiöser Überzeugungen und Begriffe:

Anhand eines Exkurses von Ernst Feil über Bonhoeffer's Plädoyer für ein religionsloses Christentum möchte ich hier mit Ihnen über die Vergänglichkeit religiöser Überzeugungen und Begriffe nachdenken.

Als Leitmotiv möchte ich zwei wesentliche Zitate voranstellen. Daran anschließend möchte ich zum ersten in gebotener Kürze dem Begriff der "religio" nachgehen, zum zweiten "Religion als Gefühl des Unendlichen" besprechen und zum dritten ein Verständnis der Spannung zwischen Religion und Glauben erarbeiten. Hoffnungsvolles Ziel dieser Bemühung ist, besser zu verstehen was Bonhoeffer meinte, wenn er von einem "religionslosen Christentum" spricht, die Vergänglichkeit des Begriffes "Religion" aufzeigen und was das für Konsequenzen für das Christentum des 21. Jahrhundert haben könnte.
Umschrieben hat Bonhoeffer die Charakterisierung der "religio":

"In der nachkopernikanischen Welt tritt statt 'Glaube' das Wort 'religo' auf (von den englischen Deisten)." Es bed [eutet] die letzte, feinste Möglichkeit des Menschen. Der Mensch [wird] als Gott verwandt entdeckt. Die Reformation wird als die Entdeckung dieses Menschen betrachtet."[23]

Das Studieren von de Lagarde wirkt sich fundamental auf Bonhoeffers Verständnis von Religion aus. Bei de Lagarde heißt es:

"Dem wirklichen Sprachgebrauche des deutschen Volkes gehört es [sc. Das Wort 'Religion'] erst seit etwa 1750 an, ist in diesen aus England und aus dem deistischen Literaturkreise eingedrungen, [...] Das Wort Religion ist im entschiedensten Gegensatze gegen das in der lutherischen, reformierten und katholischen Kirche geltende Wort Glauben eingeführt und setzt überall die deistische Kritik des allgemein christlichen Offenbarungsbegriffes voraus. Wollen wir da noch behaupten, dass wir uns im Kreise der Reformation befinden? Unser Mittelstand, der von religiösen Menschen durchgehends mit Achtung spricht, will von gläubigen sehr entschieden nichts wissen."[23]

Bonhoeffer schließt sich de Lagarde an und versteht, dass das "Wort religio" eine historische, erst um 1750 entstandene Wirklichkeit bezeichnet. **Verbunden mit dieser Konzeption der "Religion" ist ein entschiedener Gegensatz zum "Glauben"** sowie eine fundamentale Kritik am christlichen Offenbarungsverständnis.

Hiermit finden wir die dezidierte Position für die Fragestellung "Religion statt Glaube - Glaube statt Religion?".

Zum Begriff "Religion"

1. die römisch, christlich rezipierte "religio" als Untertugend der "iustitia".

Im ursprünglichen Sinn bezeichnet "religio" lediglich eine Tugend, nämlich genau zu beachten, wie eine bestimmte Gottheit verehrt werden muss; "religio" zu üben bedeutet also, sorgfältig darauf zu achten, die Gott geschuldeten Gebete zu verrichten, Opfer darzubringen, Prozessionen durchzuführen u.a.m. Als solche Sorgfalt für etwas, das geschuldet wird, gehört die "religio" zur Kardinaltugend der Gerechtigkeit. Tatsächlich hat schon Cicero ihre Zuordnung zur "iustitia" vorgenommen. Bei ihm findet sich auch die angemessene Etymologie, nämlich "religio" zurückzuführen auf "religere" (von "legere"= lesen) in der Bedeutung 'immer wieder' und d.h. 'genau lesen'. Heute müssen wir davon ausgehen, dass die christlich durchweg verwendete Etymologie falsch ist, die schon Laktanz (ca. 250-325) vorgenommen hat, nämlich das Wort "religio" von "religare, religari" abzuleiten, d.h. von 'zurückbinden'. Exakt die Bedeutung der "religio" als 'sorgfältige Beachtung' wurde denn auch von den lateinisch sprechenden Christen übernommen und blieb maßgeblich bestimmend, was sich am Tugendschema des Thomas von Aquin ablesen lässt. Die "religio" ist also beim Aquinaten eine "virtus annexa", eine natürliche moralische Tugend: Alle Menschen müssen sie üben, da alle Menschen sorgfältig darauf achten müssen, Gott die entsprechende Reverenz zu erweisen. Nachweisen lässt sich diese Verwendung durch den profanen Gebrauch von "religio" in der Antike; erstaunlicher oder begreiflicher Weise kommt dieser Begriff in der Bibel nirgendswo vor.

Diese "religo" als sorgfältige Beachtung des Kultes führt als solche nicht zum Heil, weil sie nicht auf der Gnade Gottes beruht. Die Bibel lehrt uns aber, dass allein die übernatürlichen, von Gott gegebenen Tugenden: Glaube - Liebe - Hoffnung, heilsbedeutsam und heilswirksam sind.

Noch in der berühmten Ringparabel in Lessings Drama "Nathan der Weise" ist dieser Sprachgebrauch eindeutig erhalten. Und bei Christian Wolff (1679-1754) findet sich die Aussage, das "jus gladii" sei "summa religione" zu üben, d.h. ein Prozess mit

möglicher Todesstrafe sei mit höchst sorgfältiger Beachtung aller Verfahrensregeln durchzuführen.
Als Fazit ergibt sich: "religio" wurde in der römisch-christlichen Tradition bis ins 18. Jahrhundert strikt aufgefasst als sorgfältige Beachtung der Handlungen zur Verehrung des einzig wahren Gottes.

2. die neuzeitliche (protestantische) "Religion" als "Gefühl des Unendlichen"

"Um 1750 erst erfolgte eine von der bisherigen fundamental verschiedene Bestimmung der "Religion als Liebe", als "Wiedervereinigung", genauer, als "Vereinigung mit Gott", die Gott von Anfang an wollte und am Ende wieder herstellen wird. Diese Konzeption beruht auf der schon von Origenes vertretenen Lehre von der *Apokatastasis hapanton*, dass Gott am Ende der Zeiten alles in allem ist und alles mit sich vereinigt. "
"Damit ist - negativ - die Zuordnung der "Religion" zur Kardinaltugend der Gerechtigkeit aufgegeben und statt dessen - positiv - ihre Identifikation " mit der theologischen Tugend der "Liebe" vorgenommen. Diese "Religion als Liebe" stellt folglich die "alleinseligmachende Religion" dar."
Aus diesem Verständnis der "Religion" zieht Johann Christian Edelmann (1698-1767) zwei Folgerungen: Zum einen vertritt er die "gleiche Gültigkeit aller Religionen, zum anderen fasst Edelmann **"Religion" und "Glaube" als Gegensätze**. Es existiere kein "ärgerer Feind der wahren, allein seligmachenden Religion...als der Glaube." Hier findet sich also die für eine protestantische Tradition höchst provokante Antithese von "Glaube" und "Religion" und damit wird auch bereits Mitte des 18. Jahrhunderts explizit die extreme Position "Religion statt Glaube" vertreten.
Aus diesem Verständnis entwickelte sich die Verbindung von "religio" mit "Gefühl", das uns von Friedrich Gottlieb Klopstock (1724-1803) "das höhere Leben fühlen" und von Karl Philipp Moritz (1756-1793) "Empfindungen der Religionen in meiner Seele" bekannt ist. Und wenn Friedrich Schleiermacher (1768-1834) das Wesen von Religion bestimmt mit "weder Denken noch Handeln, sondern Anschauung und Gefühl" verstehen wir, was er meint mit "Religion als Gefühl des Unendlichen". Auch bei Johann Wolfgang von Goethe (1749-1832):

finden wir diese Haltung, wenn er Faust auf die Gretchenfrage: "wie hast du's mit der Religion?" oder die andere Version, die es genauso gibt: "Glaubst Du an Gott?" antworten lässt: *"Nenn's Glück! Herz! Liebe! Gott! Ich hab keinen Namen dafür! Gefühl ist alles; Name ist Schall und Rauch."* Hier scheint Differenzierung von Terminologie überflüssig: was er meint ist "jenes Gefühl, das den Menschen vollkommen erfüllt und beglückt und so zu sich selbst kommen lässt, indem es ihn über sich hinaushebt."

In welchem Sinn diese Weise einer tatsächlich gefühlten, der Innerlichkeit zugehörigen "Religion als Liebe" dominant geblieben ist, können wir bei Ernst Troeltsch (1865-1923) lesen. "Die Religion ist flüssig und lebendig, jederzeit durch unmittelbare Berührung aus Gott schöpfend, höchst innerlich, persönlich, individuell und abrupt. Die lebendigsten Zeiten der Religion sind die unkirchlichsten, die enthusiastischen, das Individuum und seinen Herzensdrang hervortreten lassenden."

Als zweiten Zeugen nennt Ernst Feil Max Planck (1858-1947), der scharf zwischen Naturwissenschaft und "Religion" unterteilt: "für den religiösen Menschen" so Max Planck, "ist Gott unmittelbar und primär gegeben. [...] Wenn er (sc. Gott) auch nicht mit dem Verstand erkennbar ist, so wird er doch durch die religiösen Symbole in der Anschauung unmittelbar erfasst und legt seine heilige Botschaft in die Seelen derer, die sich ihm gläubig anvertrauen". Planck, als seriöser Naturwissenschaftler völlig unverdächtig, irgendwelchen schwärmerischer Intuitionen erlegen zu sein, weist den gesamten Bereich des Willens und Handelns, d.h. der Ethik einer unmittelbaren Verbindung mit Gott in der "Religion" zu, die der Mensch in der Anschauung wahrnimmt und von Gott in seine Seele gelegt bekommt.
Zeugnisse von dieser Bedeutung der "Religion" könnten zahlreich vermehrt werden. "Mit ihnen lässt sich zeigen, dass es tatsächlich durch eine Epoche hindurch verbreitet diese zutiefst innerliche "Religion" gegeben hat, die wahrgenommen, erfahren, gefühlt wurde, aber weithin dem Denken nicht eigentlich zugänglich galt.
Von der Mitte des 18. Jahrhunderts an wurde, wie viele Zeugnisse zeigen, "Religion" weithin bestimmt als natürliche menschliche Ausstattung. Sie gilt nicht zuletzt unter Intellektuellen als die höchste Auszeichnung des Menschen. Ein christliches Glaubensverständnis muss nicht mehr bemüht werden. Auch hier wird die Position "Religion statt Glaube" vertreten.

3. Konsequenzen des Plädoyers für ein "religionsloses Christentum" nach Dietrich Bonhoeffer : Glaube statt Religion

Bonhoeffer ist noch gänzlich in dieser Tradition der "Religion" aufgewachsen.
Erst während seines Studiums bei Karl Barth erreichte ihn der entscheidende Impuls. Der Religionsbegriff, den Bonhoeffer bei Karl Barth gefunden hat, lässt sich auf die Kurzformel bringen "Glaube statt Religion". Deutlich tritt in seinen Schriften "Widerstand und Ergebung" diese Art geistesgeschichtlicher Religionsbegriff zutage. Indem Bonhoeffer de Lagarde zitiert, und auch der Vorstellung Wilhelm Dilthey's folgt, hält er fest, dass das "Wort Religion" erst seit 1750 als Gegenbegriff zum "Wort Glauben" in Deutschland eingeführt worden ist.

Nach Bonhoeffers Verständnis stellt "Religion" ein geschichtlich entstandenes Phänomen einer bestimmten Zeit, nämlich der Neuzeit, dar. Epochen entstehen und vergehen. Dies gilt für die Neuzeit, damit aber auch für dieses Verständnis von "Religion", die von Bonhoeffer als eine besondere Auszeichnung gerade dieser geistesgeschichtlichen Epoche angesehen wurde.

Während der Zeit des Widerstandes und der Haft hat Bonhoeffer "die Einsicht gewonnen. dass die ihm überkommene 'Zeit der Religion' mitsamt der ihr zugehörigen Sprache und Praxis an ihr Ende gekommen ist.

Als positive Kehrseite erwartete er ein 'religionsloses Christentum', d.h. ein Christentum, das sich wieder zurückbesinnt auf das biblische Glaubensverständnis. Auch Ernst Feil stimmt dem zu: Die Phase einer spezifisch neuzeitlichen, nämlich in besonderer Weise erfahrenen, gefühlten 'Religion' hat die Krisen der Weltkriege nicht überstanden.

Dieser Traditionsbruch hat fundamentale Konsequenzen für die Erfahrung bzw. "das Gefühl der Religion". Verkürzt und pointiert gesagt: Heute solcherart Religion erleben zu wollen bedeutet etwas Ähnliches wie heute noch romanisch bauen zu wollen. Wir können diese Phase der Religion nicht mehr herstellen, kaum mehr nachempfinden. "Es bleibt also für Christen gar nichts anderes übrig als der Versuch bzw. die Bemühung, aus dem Glauben an Jesus Christus heraus zu leben und zu handeln." Ein religionsloses Christentum wird sich als die Zukunft der Christenheit zeigen.

3.Zur Fundierung des Christentums im 21. Jahrhundert: Glaube statt Religion

In heutiger Zeit ist der Begriff "Religion" wissenschaftlich gesehen so undefinierbar geworden, dass Franz Tenbruck sowie Wilfried Cantwell Smith vorgeschlagen haben, ganz auf diesen Begriff zu verzichten.

Glaube und Vernunft
Die angesehensten Fachleute diskutieren den Begriff "Religion" kontrovers, sie alle aber gelten als vernünftig. Da es aber keine Metavernunft gibt, mit der die Vernünftigkeit einer der Positionen gegenüber der Unvernünftigkeit der anderen bewiesen werden könnte, bleibt für unser Verständnis von Vernunft, dass sie nicht von sich selbst als vernünftig begründet werden kann, sondern als Vernunft eines Menschen auf dessen Überzeugungen beruht, die man sehr wohl als einen "Glauben" bezeichnen kann. Zu diesem sollte er sich bekennen.

Demgegenüber plädiert Ernst Feil dafür, vom genuin christlichen Terminus 'Glaube' auszugehen. Denn "der 'Glaube' beruht nicht auf einem (religiösen) Apriori - das es eben nicht gibt - sondern kommt vom Hören." Glauben erhält durch das Neue Testament einen spezifisch christlichen Sinn, und "ist unbelastet von der Geschichte der Neuzeit, unbelastet von einer bestimmten sprachlichen und kulturellen Ausprägung, ganz im Unterschied zur eurozentrischen Kategorie 'Religion'. [...] **So eignet sich das Wort 'Glaube' als Kernbegriff christlicher Botschaft zugleich als Grundbegriff für die Gestalt des Christentums im 21. Jahrhundert"[23].**

Auch sind mit diesem biblischen Urwort die wesentlichen Aussagen und Verheißungen der christlichen Botschaft verbunden. Denn Jesus Christus hat nicht eine "neue Religion" gestiftet, sondern das Heil über eine Glaubensbeziehung angeboten. Wie wir weiter oben gelesen haben, sind nur Glaube, Hoffnung und Liebe die genuin christlichen Haltungen, die die Gläubigen Gott verdanken, und die allein heilswirksam sind."

Angesichts der Veränderungen, die das 21. Jahrhundert bringt und noch bringen wird, werden sich Christen wieder auf die "Anfänge des Verstehens"[23] im Glauben einlassen müssen; sie dürfen sich nicht in "Resignation oder frommer Weltflucht der

Verantwortung für das Weiterleben [...HK] der kommenden Geschlechter" entziehen. Wie für Bonhoeffer geht es auch für uns um "Nachfolge", um das "ich möchte glauben lernen".

Auch für uns gilt sein Wort: "unser Christsein wird heute nur in zweierlei bestehen: im Beten und im Tun des Gerechten unter den Menschen."

Soweit zur Klärung der Begriffe. Eine solche Klärung ist nötig, denn nur so können wir uns verstehen und uns über unsere Ängste und Hoffnungen verständigen. „Diese hängen für unseren Kulturraum, auch wenn wir sie mit "Religion" verbinden, am christlichen "Glauben" als tragendes Fundament", so Ernst Feil. Und weiter: "In ihm nur liegen die Hilfen, die Menschen angesichts des weltanschaulichen Pluralismus von der christlichen Botschaft auch heute noch erwarten dürfen."

Und nocheinmal Dietrich Bonhoeffer im Originalton:

Die eigentliche Essenz des Christentums besteht in einer lebendigen Beziehung zwischen Jesus, Jüngerschaft und einem authentischen Christsein.

Nachfolge ist Bindung an Christus; weil Jesus ist, darum muss Nachfolge sein. Eine Idee von Christus, ein Lehrsystem, eine allgemeine religiöse Erkenntnis von Gnade oder Sündenvergebung macht Nachfolge nicht notwendig, ja schließt sie in Wahrheit aus, ist der Nachfolge feindlich...

Ein Christentum ohne den lebendigen Jesus Christus bleibt notwendig ein Christsein ohne Nachfolge, ist eine tote theoretische Idee, ein Mythos – der weder im Leben noch im Sterben hilft.

Verwendete Literatur für diesen Nachsatz 2

Vgl. im Gesamten: FEIL, Ernst: Religion statt Glaube - Glaube statt Religion? Historisch-systematischer Exkurs zu Bonhoeffers Plädoyer für ein 'religionsloses Christentum'. In: Religion im Erbe. Gremmels, Christian u. a. (Hg). Gütersloh 2002, 37-53, hier 47-49

BONHOEFFER, Dietrich: Die Geschichte der systematischen Theologie im 20. Jahrhundert (1931/32) in: ders., Ökumene, Universität, Pfarramt. 1931-1932, hg. Von Eberhard Amelung, Christoph Strohm (DBW 11), München 1994, 145, zit. bei Feil, 39

De LAGARDE, Paul: Schriften für das deutsche Volk. I. Deutsche Schriften (1878), München 1924, 45-90, zitiert bei Feil, 39

Vgl. im Gesamten: FEIL, Ernst: Religio. Die Geschichte eines neuzeitlichen Grundbegriffs vom Frühchristentum bis zur Reformation (Forschung zur Kirchen- und Dogmengeschichte 39) Göttingen 1986, 63f

Dr. Hella Hagspiel-Keller MA DSA

Geboren 1948 am Bodensee, verheiratet, sechs erwachsene Kinder.Vita: Philosophikum an der Kunst-Universität in Wien, Sprach- und Kunststudien in halb Europa, Studien- und Arbeitsaufenthalte auf drei Kontinenten, Studium an der Sozialakademie in Bregenz: Abschluß DSA mit dem Thema: Ethik in der Sozialen Arbeit. Während der 20 Jahre Familienphase Geburt von sechs Kindern und Führung einer Biologischen Landwirtschaft, nebenberufliche Ausbildung zur Diplom Integrativ-therapeutischen Seelsorgerin (BTS), Diplom Multimedialen Kunsttherapeutin (ÖAGG), Diplom Systemisch Kunsttherapeutische Supervisorin (MGT), 2005/06 Sabbatjahr in Afrika. Ab 2007 Studium der Kunstgeschichte, Ethik, Judaistik, Philosophie, Evangelische Theologie, Religionswissenschaft im Nahen und Mittleren Osten, Indien, Jerusalem, Graz und Wien. 2010 Master of Arts, Magistra der Religionswissenschaft; 2015 Doktor der Philosophie. Derzeitige Tätigkeiten: Leitung einer Werkstatt für Lebensfragen; Vortrags- und Seminartätigkeit, Publikation zahlreicher Artikel und Fachbücher. www.hella-hagspiel-keller.com

Inhaltsverzeichnis

Printed by Books on Demand GmbH, Norderstedt / Germany